한국사, 진작 만화로 볼걸

"어려운 한국사, 쉽게 배울 수 없나요?"

700만 랜선 제자의 고민에
큰★별쌤 최태성이 만화로 답하다

이 책을 손에 집어 들다니요. 운명적 만남! 만나서 반갑습니다.
큰★별쌤 최태성입니다.
강연장에 가면 손 번쩍! 꼭 나오는 질문이 하나 있어요.
"선생님~ 한국사는 너무 딱딱하고 어려워요. 어떻게 하면 쉽게 배울 수 있나요?"

아~ 뭐라고 답을 해드리면 좋을까. 잠시 머뭇거리던 저는 이렇게 답해드려요.
**"역사는 사람을 만나는 인문학이에요.
 그 사람을 통해 자신의 삶을 들여다보는 훈련을 하면 역사가 재밌어진답니다."**

그런데요. 질문자가 학생이거나, 시험으로 한국사를 배워야 하는 목적을 가진 분인 경우
표정이 어두워지고 걱정이 가득한 눈빛으로 바뀌더라고요.
분명 이게 답이긴 한데, 여전히 무언가 효과를 바로 보고 싶어 하는 분들에겐
가까이 하기엔 너무 먼 답이었던 거지요.
저 역시 오랫동안 그 고민의 해답을 찾고 싶었습니다.

그래서 제가 선택한 방법은요?
여러분이 이 책을 펴든 이유이기도 한,
바로 **만화**입니다.
만화는 가장 이해하기 쉬운 기록과 소통의 수단이잖아요.
남녀노소 쉽게, 즐겁게 완독할 수 있는 장르요.
어려운 개념의 텍스트도, 낯선 상황도 네모난 칸 안으로 쑥 밀어 넣기만 하면
한눈에 쏙 들어오는 글과 그림의 절묘한 하모니가 탄생하지요.

어디 그뿐인가요.
칸과 칸 사이에 지식도 꽉 차게 눌러 담을 수 있고, 그 너머의 진한 울림까지 표현되잖아요. 감동~

묻지마 암기로, 각종 시험과 공부 스트레스로,
한국사가 두려운 여러분에게
드디어 선물을 드릴 수 있게 되었습니다.
만화로 만나는 최태성 한국사 강의
여러분의 고민에 즉시 처방 가능한 답도 해 드릴 수 있게 되었고요.

이 책은 한국사 초·중·고등학교 교과서를 바탕으로
각종 시험에서 반복해서 나오는 출제 포인트까지 더한 학습 만화예요.
물론 가볍게 끝까지 읽어 낼 수 있도록 재미도 더했어요.
딱 한 번만 읽어도 흐름이 꽉 잡히고요.
기초를 다지기에도 절대 부족함이 없도록 했어요.
학교 내신, 대입 수능, 한국사능력검정시험, 나아가 공무원 한국사 시험에서도
분명 도움받으실 수 있을 거예요.

초등학생은 미리미리, 중·고등학생은 지금부터,
일반인은 늦게나마, 우리 모두 더 늦기 전에
한국사와 친해지길 바래요♡
그저 만화책을 봤을 뿐인데 점수마저 오르는 행복한 순간을 꿈꿔 보시길…

괜찮아요. 만화면 어때요?
일단 만화로 출발하는 거예요. 만화는 '취향의 선택'이지 '수준의 문제'가 아니니까요.
준비 됐나요? 저는 준비 됐습니다!!
당당히 만화책으로 즐기면서 배울 수 있어요.
큰★별쌤의 첫 학습 강의 만화.
우리 함께, 지금 바로, 신나게 시작해 봅시다.

한국사가 난감한 모든 분들을 생각하며
최태성 올림

1권 전근대편

목차 | 역사와의 만남

프롤로그 ··· 8
우리가 역사를 배워야 하는 진짜 이유

📖 고대

01. 돌멩이 속에 숨겨진 세상 ······················ 18
    #구석기 시대

02. 인류사를 바꾼 첫 번째 혁명, 농경의 시작 21
    #신석기 시대

03. 금속에 비친 지배자의 삶 ······················ 25
    #청동기·철기 시대

04. 단군 신화를 품은 민족의 첫 울타리 ········ 31
    #고조선의 성장과 발전

05. 철기로 이룬 공존의 터전 ······················ 36
    #여러 나라의 성장

06. 한강 타이틀 매치의 시작,
    첫 영광의 주인공 백제 ························· 42
    #백제의 성립과 발전

07. 동아시아를 호령한 민족의 자존심, 고구려 · 50
    #고구려의 성립과 발전

08. 늦깎이 나라 신라의 대반전 드라마 ········· 59
    #신라의 성장과 삼국 통일

09. 삼국 아닌 사국 시대,
    잃어버린 가야 역사를 찾아서 ················· 67
    #가야의 발전과 쇠퇴

10. 발해에서 들리는 고구려의 메아리 ··········· 70
    #발해의 성립과 발전

11. 통일 지도 위에 그린 신라의 새로운 꿈 ···· 77
    #통일 신라의 발전

12. 혼란 속에서 피어나는 또 다른 움직임 ····· 85
    #통일 신라의 쇠퇴

13. 지금까지 이어지는 고대인의 소망 ··········· 91
    #고대의 사상과 종교

14. 믿음이 빚어낸 찬란한 아름다움 ············· 97
    #고대의 예술과 문화 전파

📖 고려

15. 고려의 시작,
    개혁과 타협의 기막힌 어울림 ················ 111
    #고려의 건국과 국가 기틀의 확립

16. 조화와 균형 속에 다져지는
    고려의 기틀 ······································ 119
    #고려의 통치 체제 정비

17. 켜켜이 쌓인 모순의 폭발 ····················· 125
    #문벌 사회의 동요와 무신 정권의 성립

18. 아쉽게 저문 공민왕의 개혁의 꿈 ··········· 135
    #고려 후기의 정치 변동

19. 외침을 이겨낸 불굴의 고려 ·················· 140
    #고려의 대외 관계

20. 고려 시대 사람들은 어떻게 살았을까? ··· 150
    #고려의 사회와 가족 제도

21. 바다를 열어 알린 이름, COREA ············ 158
    #고려의 경제 정책과 경제 생활

22. 화합을 위한 깨달음의 길 ·················· 168
    #고려의 사상과 학문 발달

23. 고려인의 마음을 아로새긴
    화려함과 웅장함의 진수 ·················· 177
    #불교 예술과 과학 발달

📖 조선

24. 왕과 신하가 조화로운 유교 국가 조선의 탄생
    ··· 188
    #조선의 건국과 국가 기틀의 확립

25. 치밀하게 짜여진 조선의 시스템 ··········· 199
    #조선의 통치 체제 정비

26. 조선의 물줄기를 바꾼
    새로운 정치의 시작 ························· 207
    #사림의 성장과 붕당의 형성

27. 7년 전쟁으로 깨진 200년의 평화 ········· 219
    #조선의 대외 관계와 왜란의 극복

28. 명분만 외치다 무릎 꿇은 인조 ············ 231
    #호란의 발발과 극복

29. 스러진 북벌의 꿈과 예송으로 표출된
    붕당 간 대립 ································· 238
    #조선 후기의 지배 질서 강화

30. 왕권과 맞바꾼 공존의 질서 ················ 244
    #붕당 정치의 변질

31. 영조와 정조의 탕평 속 강력한 개혁 정치 · 250
    #영조와 정조의 탕평 정치

32. 뿌리째 흔들리는 조선 백성의 삶 ·········· 261
    #세도 정치의 전개와 농민 봉기

33. 새로운 원칙 아래 갖춰진 조선의 세금 제도 · 266
    #조선 전기의 경제 정책

34. 변화의 시대, 달라진 세금 정책 ············ 273
    #조선 후기의 경제 정책

35. 자본주의 경제를 향한 조선의 발걸음 ····· 279
    #조선의 경제 생활

36. 평등 사회로 가는 길 ························ 289
    #조선의 사회 모습

37. 시대의 요구에 답을 제시한 실학 ·········· 297
    #조선의 학문 발달

38. '우리 것'을 길러낸 조선의 문화 ·········· 305
    #조선의 문화와 예술

에필로그 ··· 314
그린이의 맺음말

2권 근현대편

프롤로그
꿈이 만든 역사, 대한민국이 시작되기까지

📖 개항기

01. 조선의 구원투수를 자처한 개혁가, 흥선 대원군
    #흥선 대원군의 개혁 정책

02. 네 멋대로 개항 요구에 내 뜻대로 통상 수교 거부
    #흥선 대원군의 통상 수교 거부 정책

03. 첫 단추부터 잘못 끼운 개항, 강화도 조약
    #강화도 조약

04. 개화의 바람이 몰고 온 갈등과 침탈의 역사
    #개화파의 등용과 임오군란

05. 3일 만에 끝나버린 개혁의 꿈
    #갑신정변

06. 줍는 사람이 임자, 한반도를 둘러싼 열강의 힘겨루기
    #갑신정변 이후 조선의 정세

07. 참다못한 농민들의 선택, 역사의 물줄기를 바꾸다
    #동학 농민 운동

08. 변화의 물줄기가 빚어낸 갑오년의 개혁
    #갑오개혁

09. 자주독립을 향한 서로 다른 발걸음
    #아관 파천 이후_독립 협회, 대한 제국

10. 발버둥 칠수록 어두운 굴속으로
    #국권 침탈

11. 국권 회복을 향한 여러 갈래의 길
    #개항기 저항의 역사

12. 열강의 경제 침탈, 무너지는 조선, 이어지는 저항
    #경제적 구국 운동의 전개

13. 두 얼굴로 다가온 근대
    #근대 문물의 수용

14. 우리의 발자국이 남겨질 땅
    #독도와 간도

📖 일제 강점기

15. 총칼로 길들이는 식민지 조선
    #무단 통치

16. 겉 다르고 속 다른 문화 통치
    #이른바 문화 통치

17. 침략 전쟁의 희생양이 된 조선
    #민족 말살 통치_전시 동원 체제

18. 꺾일 줄 모르는 민족의 독립 의지
    #1910년대 저항 운동

19. 독립을 향한 당당한 외침
    #3·1 운동과 대한민국 임시 정부

20. 식민지 굴레에서 벗어나기 위한 몸부림
    #1920년대 국내의 저항

21. 나라 밖에서 써 내려간 승리의 역사
    #1920년대 국외 항일 무장 투쟁

22. 온 힘을 다해 준비한 광복의 순간
    #1930년대 국내외 독립운동

📖 현대

23. 마침내 광복, 그러나 분단
    #1945년 8월 15일

24. 대한민국에 닥친 시련, 전쟁과 독재
    #대한민국 정부 수립과 이후의 모습

25. 독재에 맞선 거센 저항의 물결
    #민주화를 위한 노력과 시련

26. 피의 독재에서 승리의 민주주의로
    #민주주의의 발전

27. 경제 발전의 빛과 그림자
    #광복 이후 사회·경제적 변화

28. 풀지 못한 숙제, 통일로 가는 길
    #통일을 위한 노력

에필로그

그린이의 맺음말

프롤로그 : 역사와 만나는 시간

우리가 역사를 배워야 하는 진짜 이유

#역사는 사람을 만나는 인문학　#소통과 꿈　#인생 내비게이션

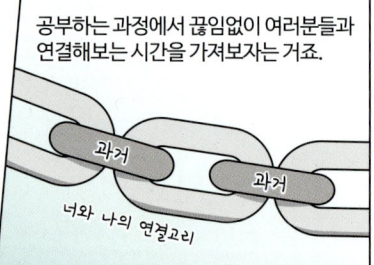

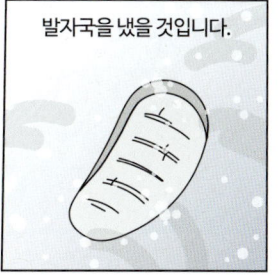

고대

01~14

#돌멩이를 손에 쥔 사람들의 수다가 시작되다

여기 주먹도끼라 불리는 돌멩이가 있어요.
무언가를 찍고, 자르고, 캘 수 있는 모든 기능이 탑재된
한 손에 쏙 들어가는 그립감이 아주 좋은 도구.

주먹도끼는 우연히 깨진 돌에서 얻은 게 아니에요.
정확한 '설계'가 담겨 있죠.
주먹도끼를 만들어 내기 위해
구석기인들은 얼마나 많은 돌을 깨뜨렸을까요?

한낱 돌멩이마저 위대한 도구로 만들어 낸
생존을 위해 치열하게 그 시대를 살아낸 사람들을
함께 만나러 가보실까요?

 첫 번째 만남

돌멩이 속에 숨겨진 세상

#구석기 시대 #주먹도끼 #이동 생활 #배고픈 평등 사회

두 번째 만남

인류사를 바꾼 첫 번째 혁명, 농경의 시작

#신석기 시대 #가락바퀴 #간석기 #빗살무늬 토기 #머무르는 삶

세 번째 만남

금속에 비친 지배자의 삶

#청동기·철기 시대 #잉여 생산물 #계급의 출현 #벼농사 #반달 돌칼 #고인돌 #세형 동검

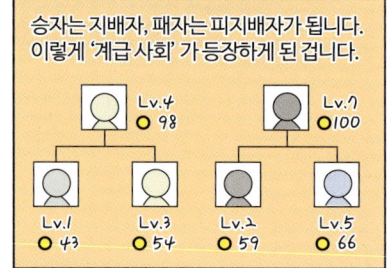

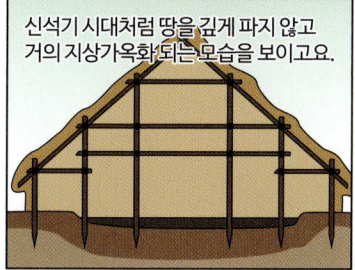

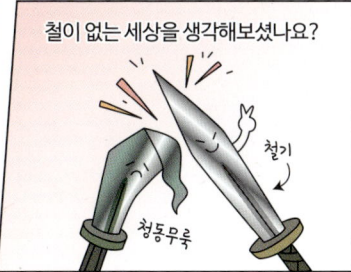

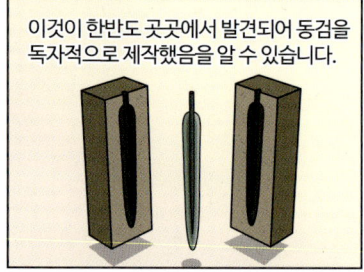

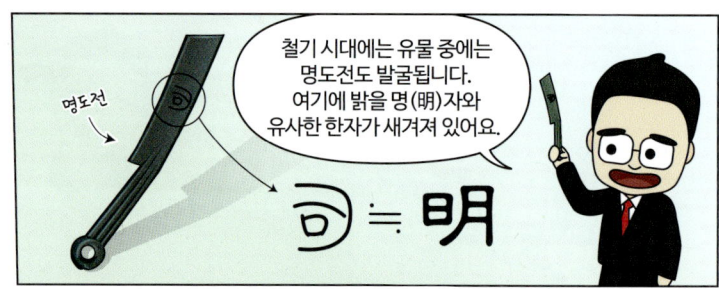
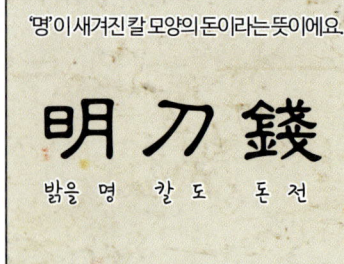

네 번째 만남

단군 신화를 품은 민족의 첫 울타리

#고조선의 성장과 발전 #우리나라 최초의 국가 #단군왕검 #위만 #세상을 이롭게 하는 나라

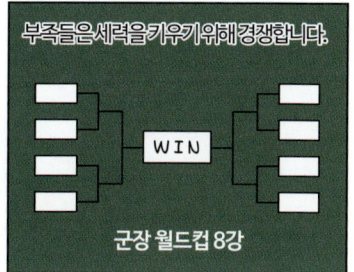

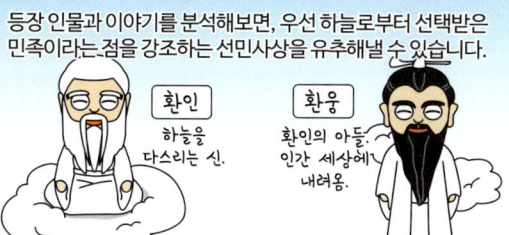

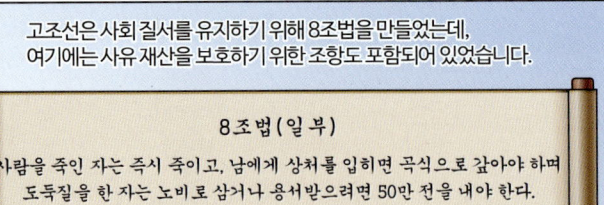

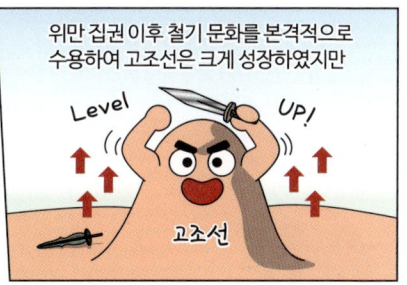

다섯 번째 만남

철기로 이룬 공존의 터전

#여러 나라의 성장 #고구려 #옥저 #동예 #삼한 #뿌리는 하나

청동기 시대에 계급이 발생하고 지배자인 군장이 등장한다고 했죠? 그래서 군장 국가라 하고요.

부족 간 경쟁 속에서 국가가 생겨나게 돼요

우리나라 최초의 국가인 고조선으로 성립합니다.

고조선 멸망 후 그 유민들이 남쪽으로 이동하여 그 지역 문화를 발전시켜요.

이러한 상황에서 철기 문화를 바탕으로 만주와 한반도 지역에서는 여러 나라가 성장해요. 옥저, 동예, 삼한은 군장 국가로 머무르고요.

연맹 왕국은 부족 연합 국가라 할 수 있는데, 연합의 대표로 왕을 선출하였어요. 부여와 고구려가 연맹 왕국이었습니다.

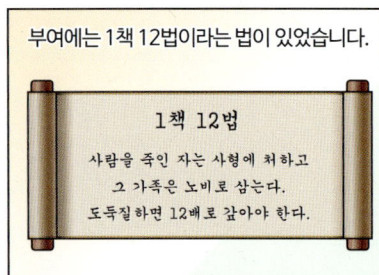

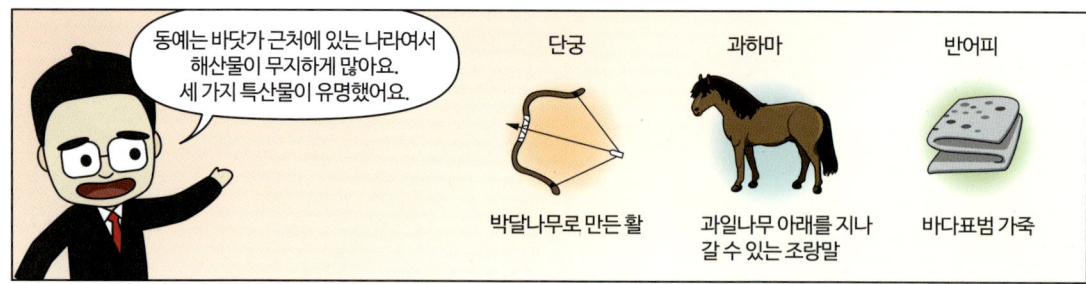

여섯 번째 만남 ...

한강 타이틀 매치의 시작, 첫 영광의 주인공 백제

#백제의 성립과 발전 #선발주자로 나선 나라 #근초고왕 #무령왕 #성왕 #무너진 중흥의 꿈

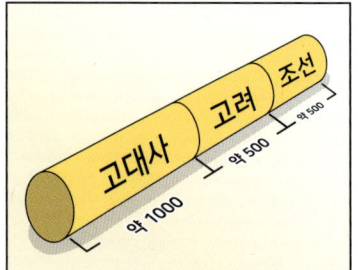

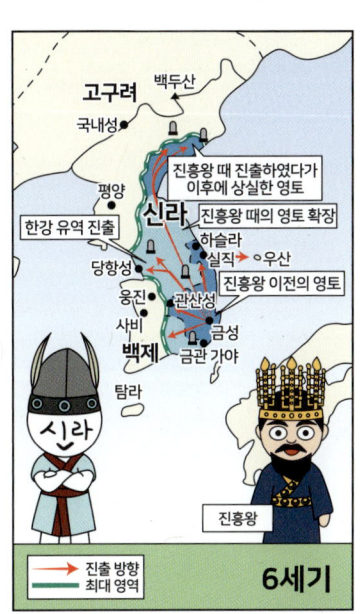

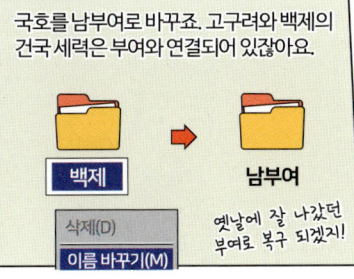

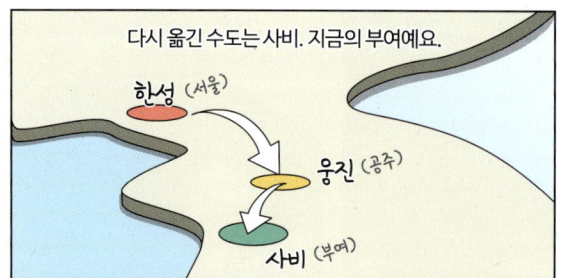

일곱 번째 만남

동아시아를 호령한 민족의 자존심, 고구려

#고구려의 성립과 발전 #광개토 태왕 #장수왕 #살수 대첩 #연개소문 #민족의 방파제

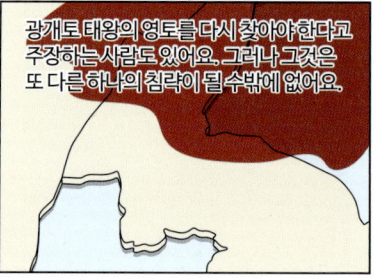

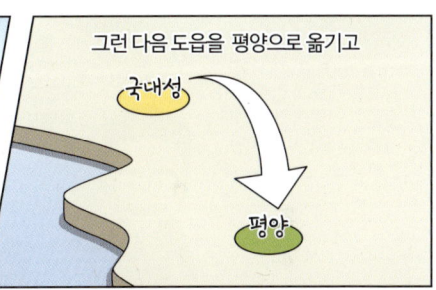

여덟 번째 만남

늦깎이 나라 신라의 대반전 드라마

#신라의 성장과 삼국 통일 #법흥왕 #진흥왕 #나당 전쟁 #최후의 승자

고대 · 59

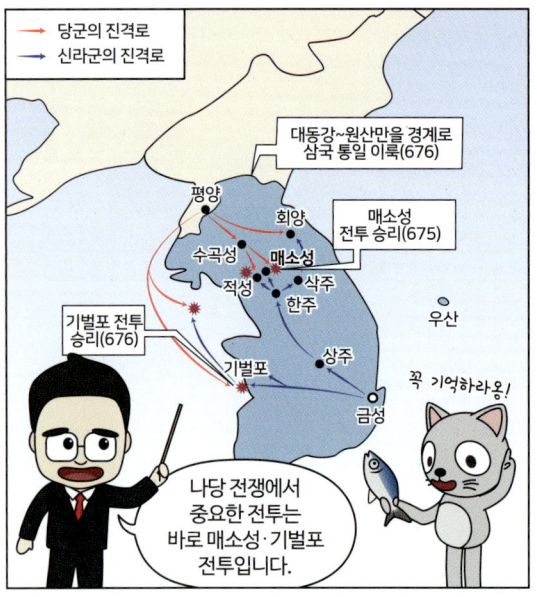

아홉 번째 만남

삼국 아닌 사국 시대, 잃어버린 가야 역사를 찾아서

#가야의 발전과 쇠퇴 #금관가야 #대가야 #철의 왕국 #임나일본부설의 진실은

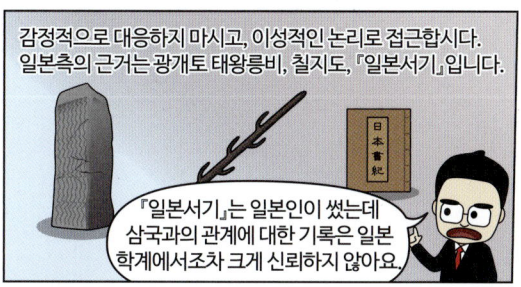

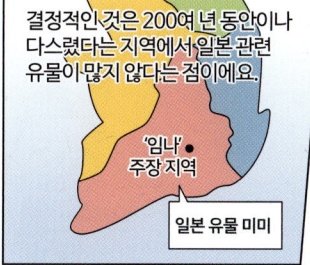

열 번째 만남

발해에서 들리는 고구려의 메아리

#발해의 성립과 발전 #남북국 시대 #대조영 #무왕 #문왕 #해동성국
#고구려를 계승한 고구려의 후예 #끝나지 않은 영광

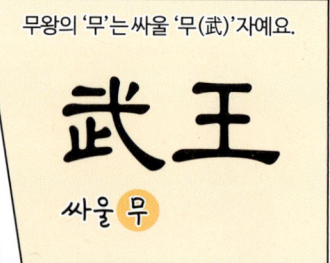

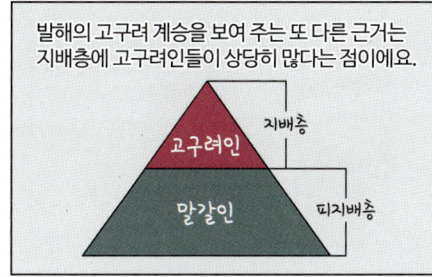

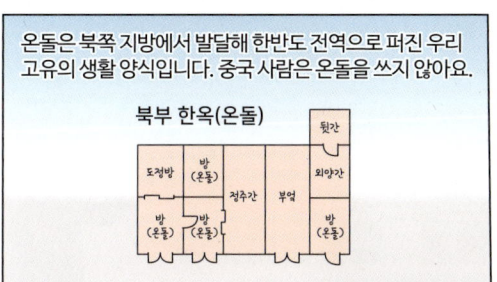

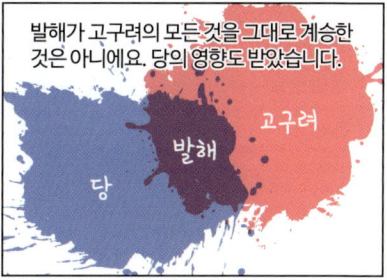

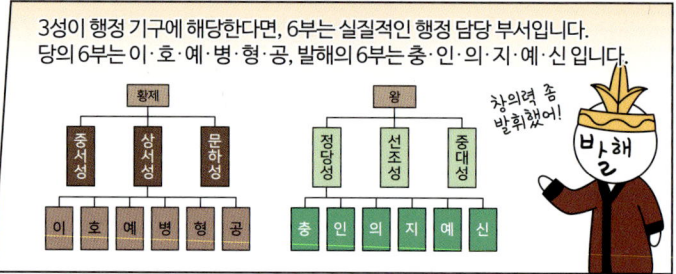

열한 번째 만남

통일 지도 위에 그린 신라의 새로운 꿈

#통일 신라의 발전 #신문왕 #9주 5소경 #9서당 10정 #깨지지 않는 유리 천장 #남북국

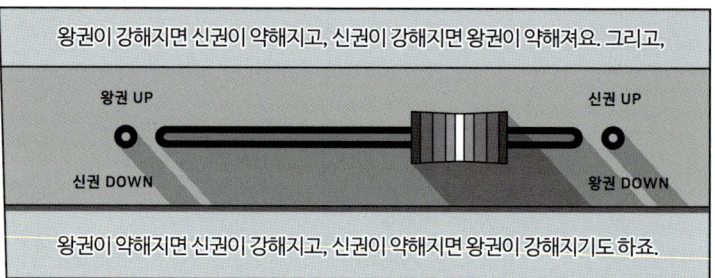

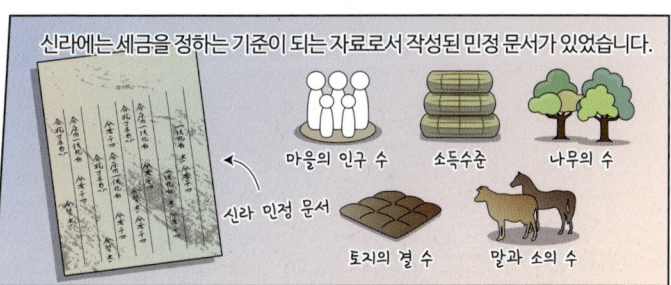
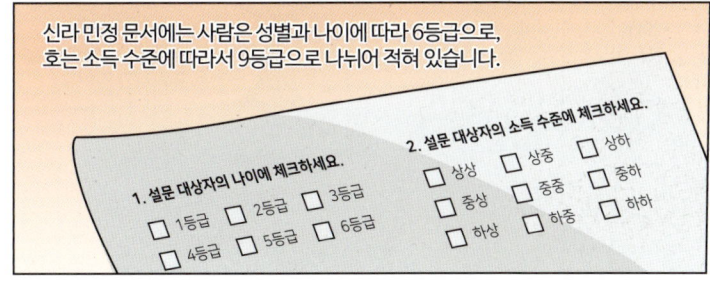

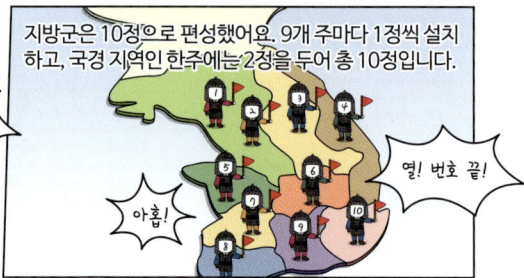

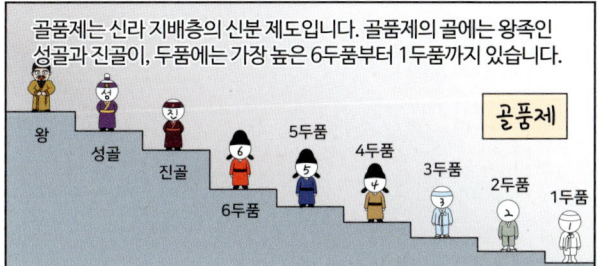

열두 번째 만남

혼란 속에서 피어나는 또 다른 움직임

#**통일 신라의 쇠퇴** #김헌창의 난 #원종과 애노의 난 #장보고 #호족 #다툼이 불러온 분열

고대 · 85

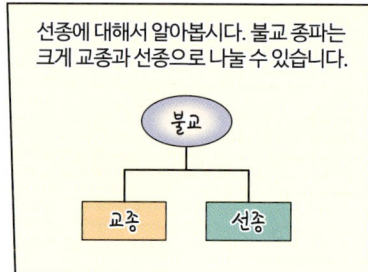

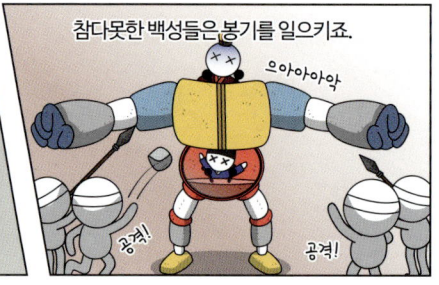

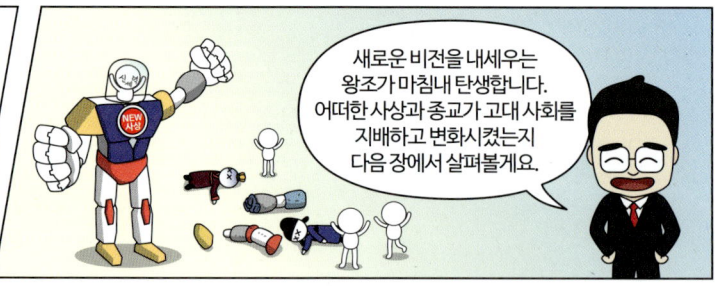

열세 번째 만남

지금까지 이어지는 고대인의 소망

#고대의 사상과 종교 #유학 장려 #도교 유입 #원효와 의상 #생활 속에 파고든 불교

열네 번째 만남

믿음이 빚어낸 찬란한 아름다움

#고대의 예술과 문화 전파 #불상과 불탑 #고분 벽화 #경계를 넘은 문화의 파도

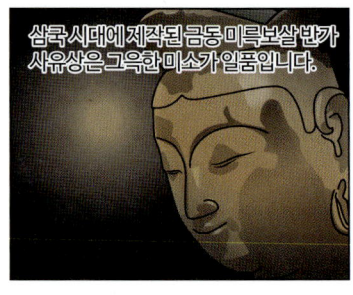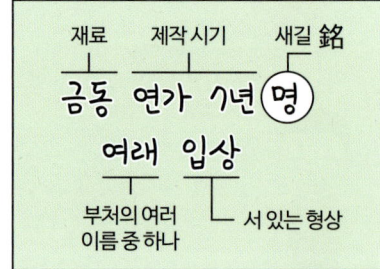

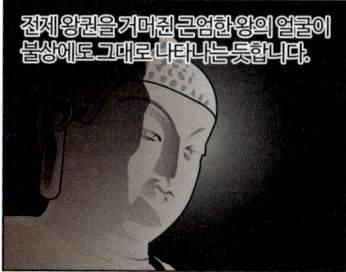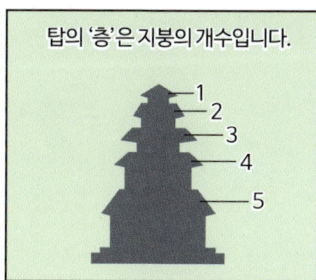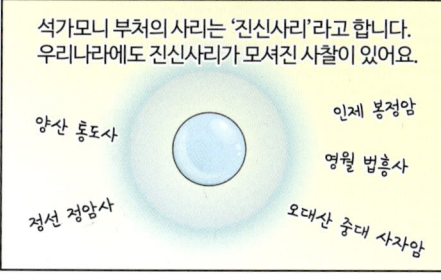

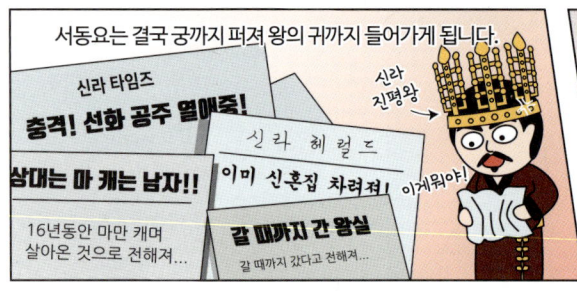

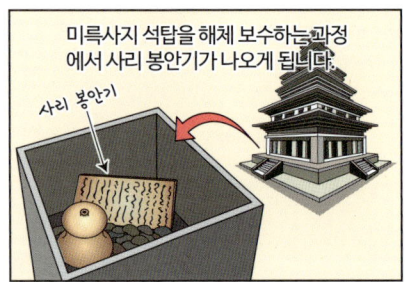

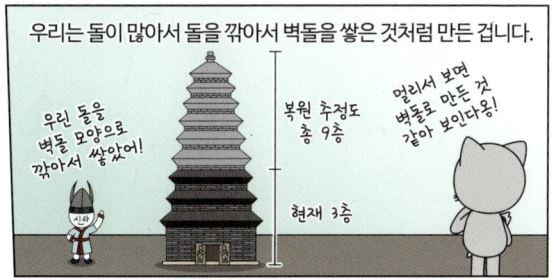

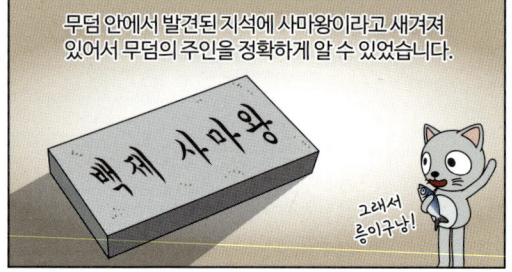

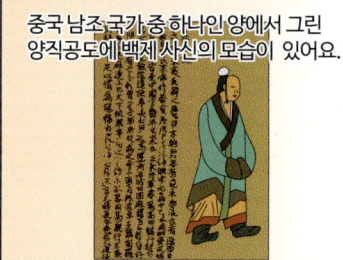

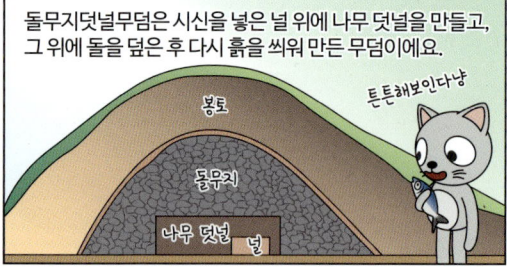

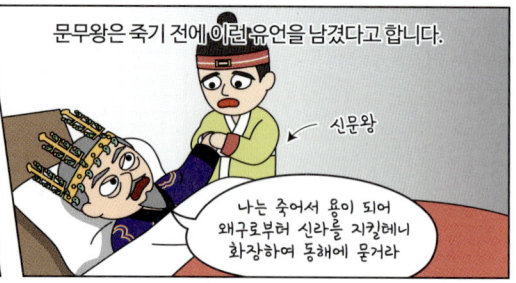

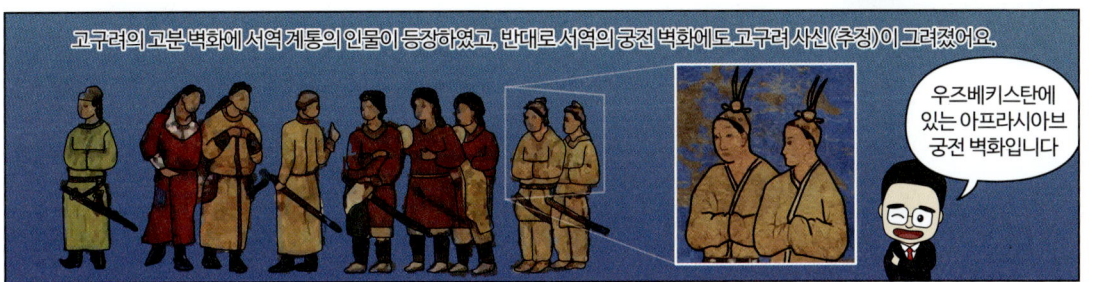
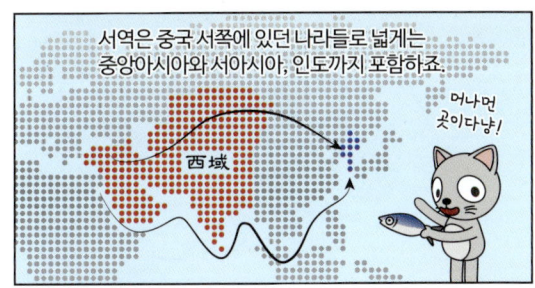

15~23

#코리아, 다시 하나가 되다

한반도에 또 한 번의 통일 왕조가 세워집니다.
고려 왕조도 약 5백 년의 역사를 호령하면서
역사의 명장면을 연출하게 될 거예요.
성장과 쇠퇴의 패턴도 삼국과 비슷해요.

다만 아쉽게도 외침이 많았습니다.
특히 몽골이 침략하였을 때 수도를 강화도로 옮기고
40년 동안이나 끈질긴 항전을 이어가며 포기하지 않는 민족정신을 보여 주었죠.
그런데요. 당시 고려의 평범한 백성들의 삶에 대해서도 함께 생각해보았으면 해요.
몽골의 말발굽에 짓밟히면서도 고려를 지키고자 했던
이름 없는 사람들의 저항이 있었기에
끝내 고려라는 깃발이 꺾이지 않았던 게 아닐런지요?
경의를 표합니다.

열다섯 번째 만남

고려의 시작, 개혁과 타협의 기막힌 어울림

#고려의 건국과 국가 기틀의 확립 #태조 #광종 #노비안검법 # 호족을 향한 개혁의 칼날

고려 · 111

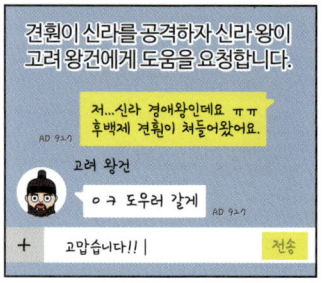

열여섯 번째 만남

조화와 균형 속에 다져지는 고려의 기틀

#고려의 통치 체제 정비 #성종 #최승로의 시무 28조 #2성 6부 #5도 양계

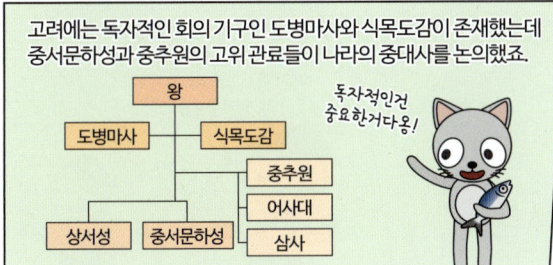

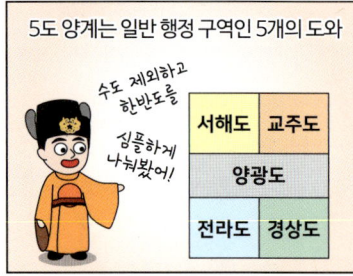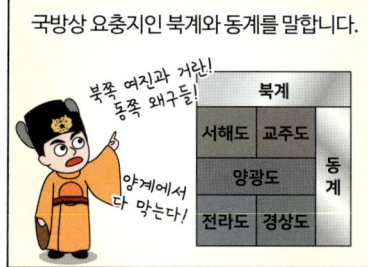

열일곱 번째 만남

켜켜이 쌓인 모순의 폭발

#문벌 사회의 동요와 무신 정권의 성립 #이자겸의 난 #묘청의 서경 천도 운동 #무신 정변

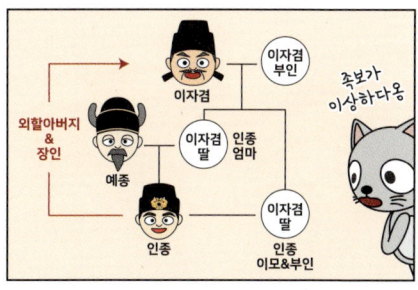

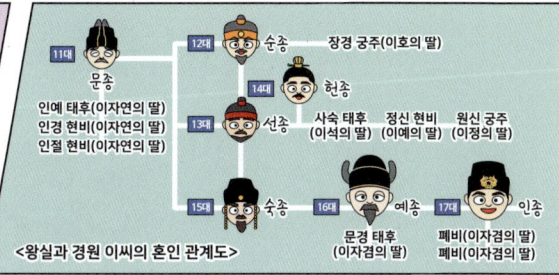

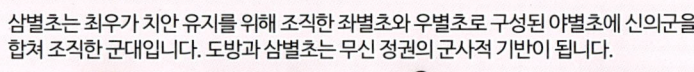

 열여덟 번째 만남

아쉽게 저문 공민왕의 개혁의 꿈

#고려 후기의 정치 변동 #권문세족 #공민왕 #전민변정도감 #원에 날린 최후의 펀치

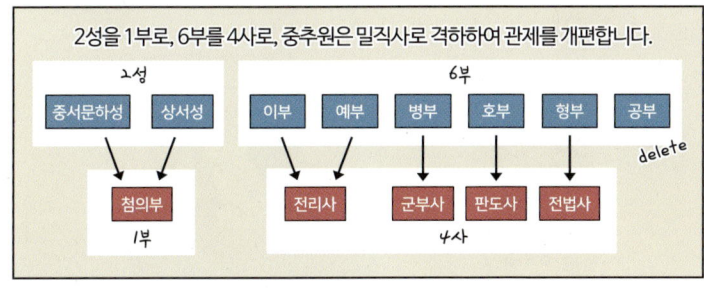

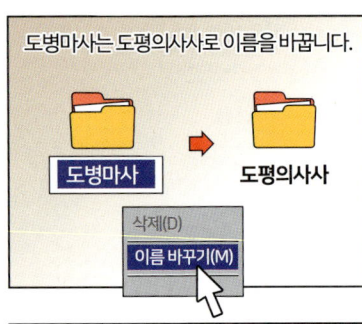

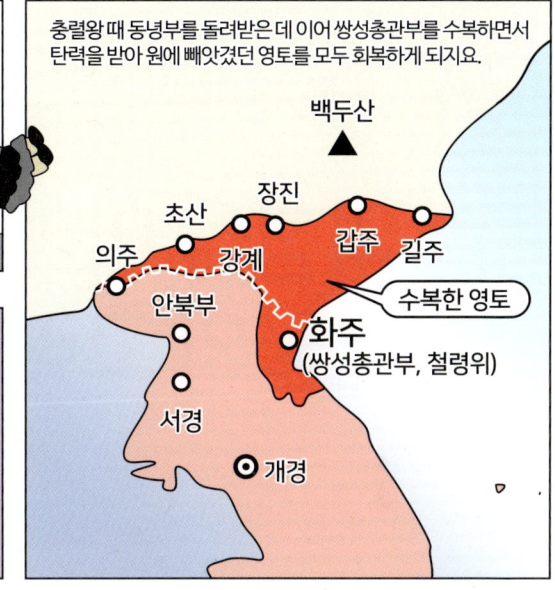

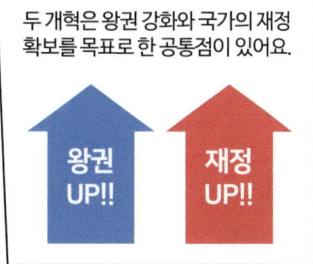

열아홉 번째 만남

외침을 이겨낸 불굴의 고려

#고려의 대외 관계   #강동 6주   #귀주 대첩   #동북 9성   #삼별초의 항쟁   #나라를 지켜낸 아트 외교

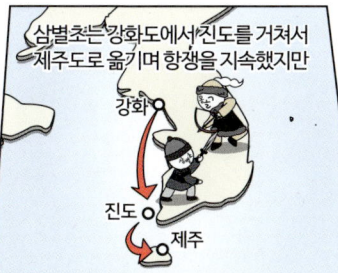

스무 번째 만남

고려 시대 사람들은 어떻게 살았을까?

#고려의 사회와 가족 제도 #정호층 #향도 #남성과 어깨를 나란히 한 여성들

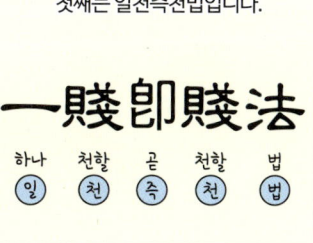
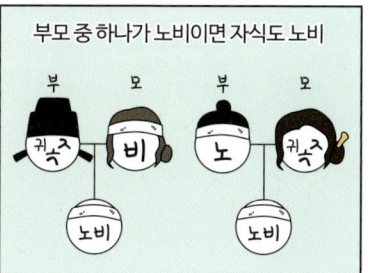
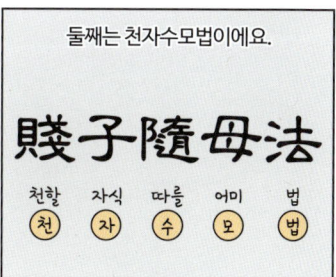

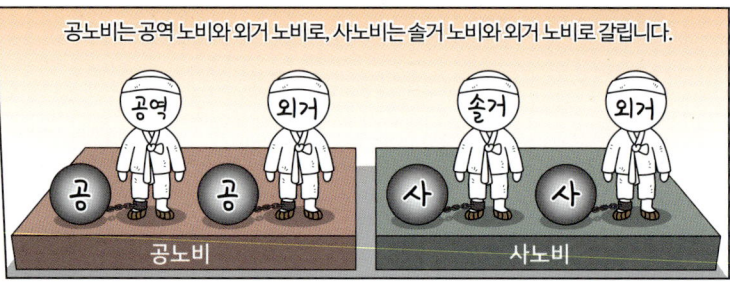

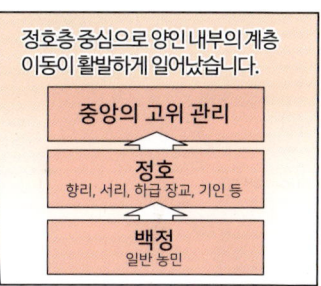

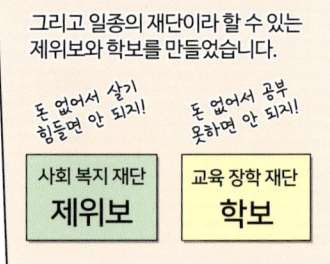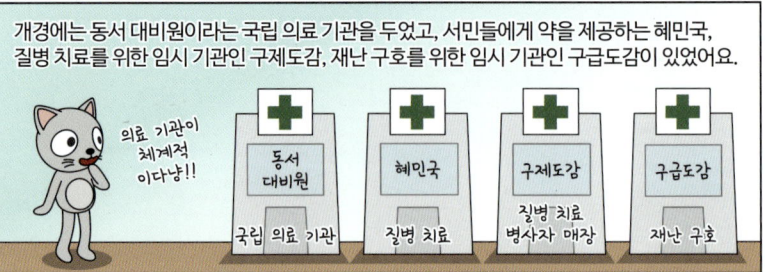

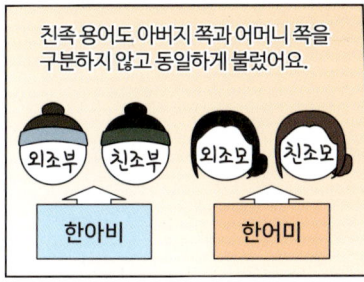

스물한 번째 만남　　　　　　　　　　　…

바다를 열어
　알린 이름, COREA

#고려의 경제 정책과 경제 생활　#전시과　#벽란도　#은병(활구)　#코리안의 시작

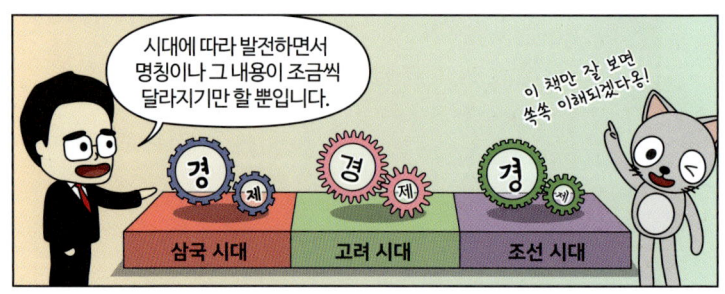

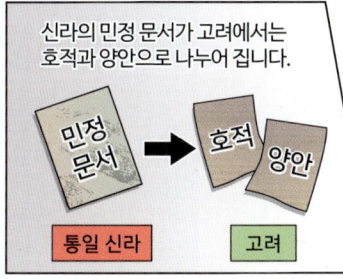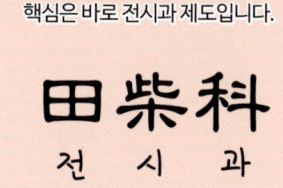

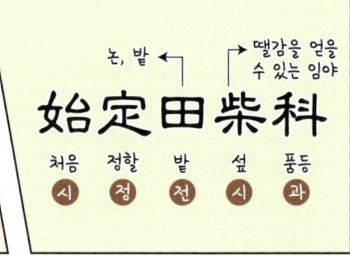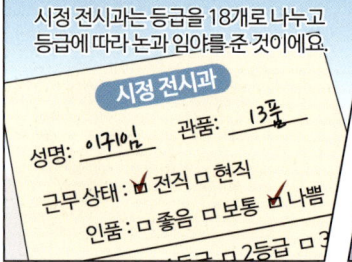

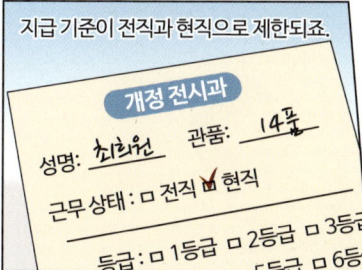

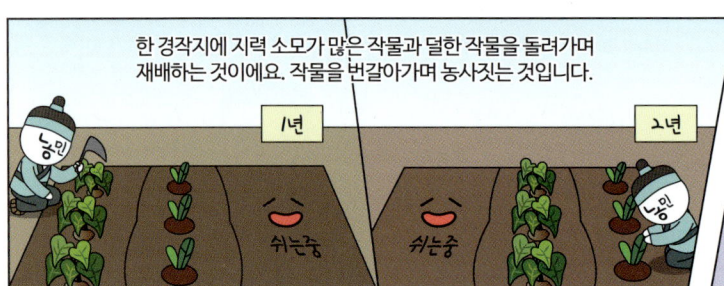

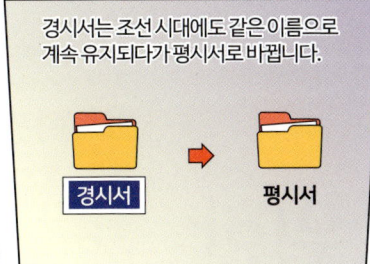

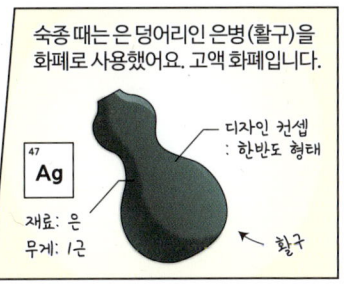

스물두 번째 만남

화합을 위한 깨달음의 길

#고려의 사상과 학문 발달 #의천과 지눌 #삼국사기와 삼국유사 #학문 발전을 가져온 경쟁

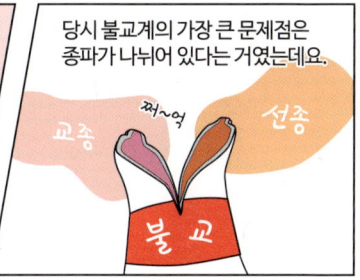

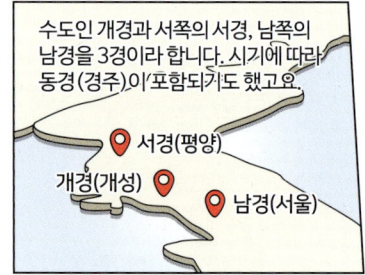

스물세 번째 만남

고려인의 마음을 아로새긴 화려함과 웅장함의 진수

#불교 예술과 과학 발달 #불상과 불탑 #팔만대장경 #세계 최고의 예술력

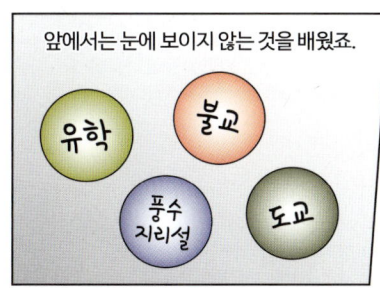

고려 · 177

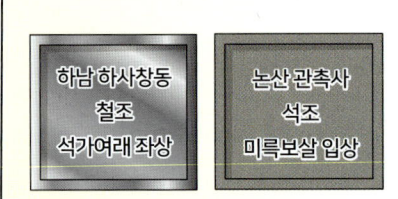

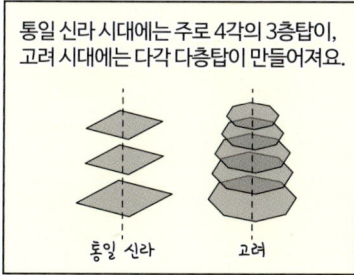

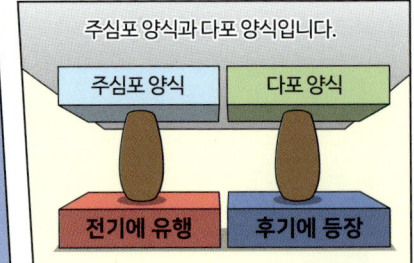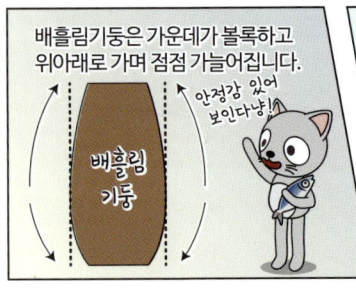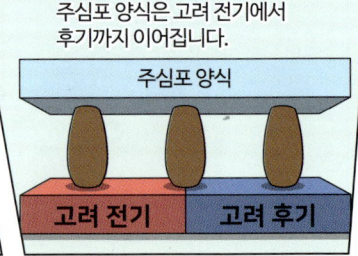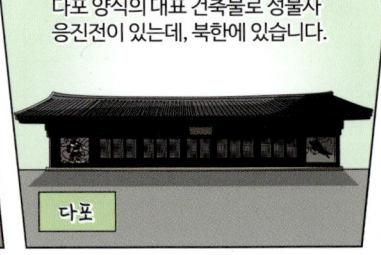

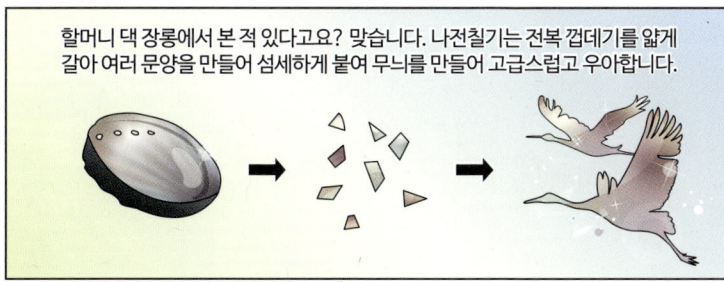

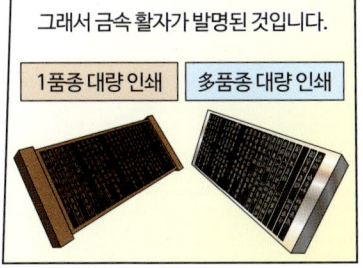

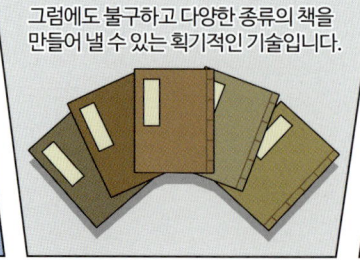

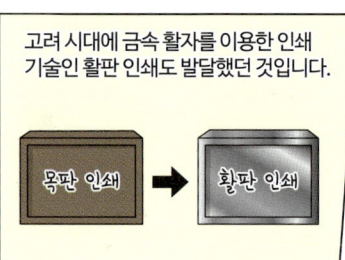

24~38

#한글을 만든 나라, 변화무쌍한 이야기를 이어가다

고려가 저물고, 조선의 역사가 시작됩니다.
500년 넘는 시간 동안 여기저기서 스릴 넘치는 사건이 계속되죠.
심지어 피를 흘리는 일까지 빈번하답니다.

조선 전기에는 주도 세력의 색깔에 따라 다른 사회 모습이 펼쳐집니다.
훈민정음을 만든 사람들, 나아가 조선 사회를 이끌었던 사람들이 누구인지 궁금해지죠?

건국 200년 후, 왜란과 호란이라는 유례없는 큰 전쟁을 두 번이나 치른 조선은
엄청난 변화의 소용돌이에 직면합니다. 그야말로 모든 게 바뀌죠.
지금 우리에게 익숙한 자본주의와 평등 사회를 향한 발걸음이 이때부터 시작됩니다.

혼란 속에서도 발전을 거듭하며 역사를 이어간 사람들을 지금 만나 보시죠.

스물네 번째 만남

왕과 신하가 조화로운 유교 국가 조선의 탄생

#조선의 건국과 국가 기틀의 확립 #위화도 회군 #태조 이성계 #태종 #세종 #세조 #성종 #비로소 드러나는 조선의 진짜 색깔

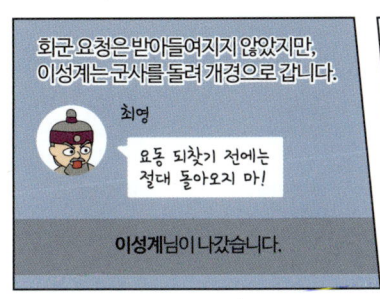  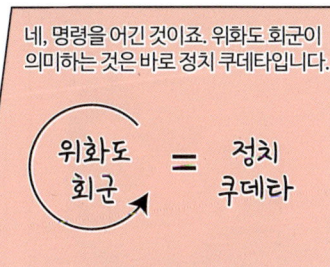

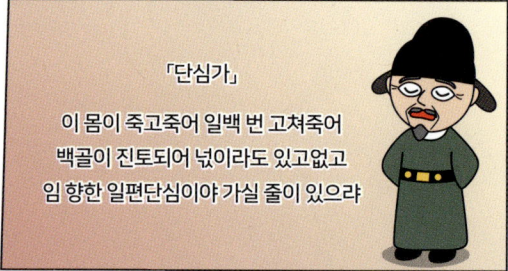

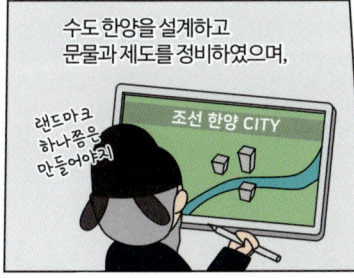

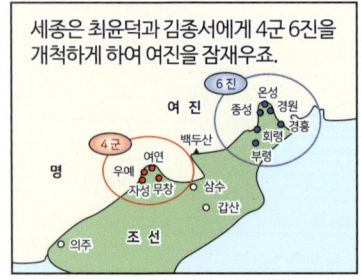

스물다섯 번째 만남

치밀하게 짜여진 조선의 시스템

#조선의 통치 체제 정비 #의정부와 6조 #삼사 #8도 체제 #과거제
#오늘까지 남아있는 조선의 흔적

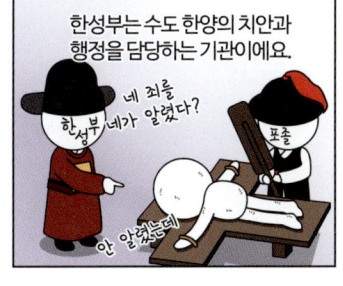

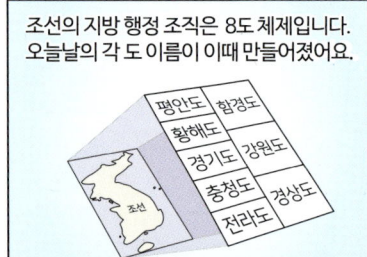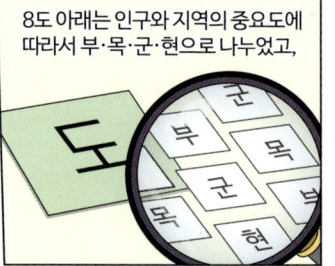

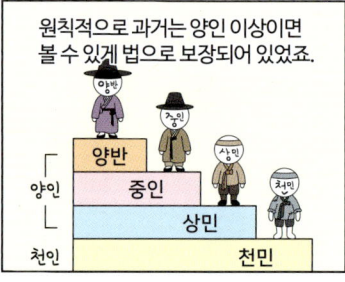

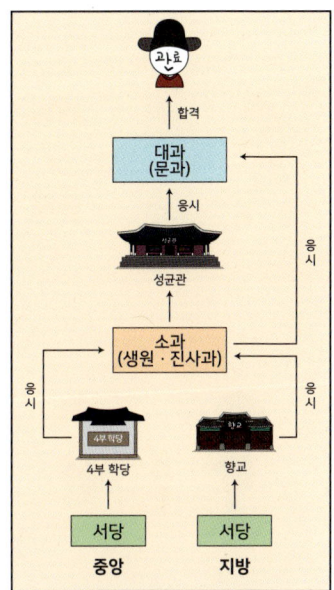

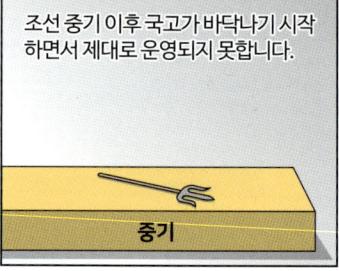

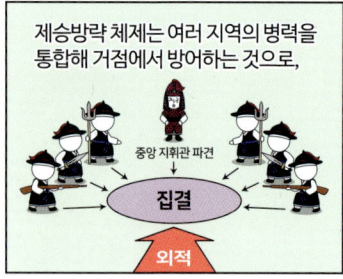

스물여섯 번째 만남

조선의 물줄기를 바꾼 새로운 정치의 시작

#사림의 성장과 붕당의 형성 #사화 #동인과 서인 #붕당의 핵심은 공존

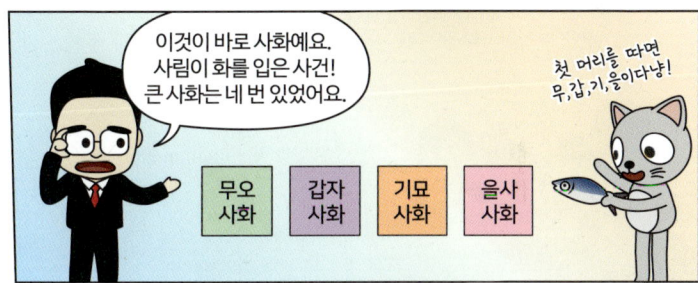

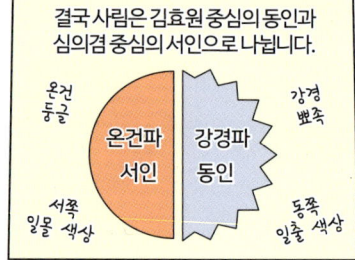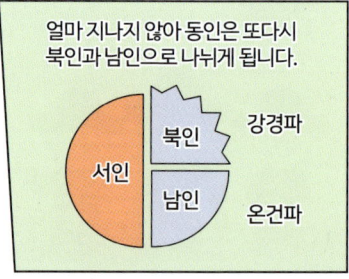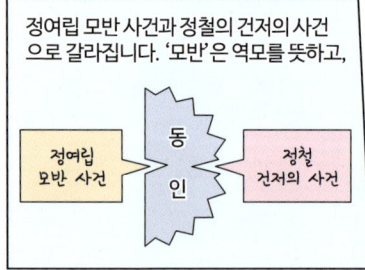

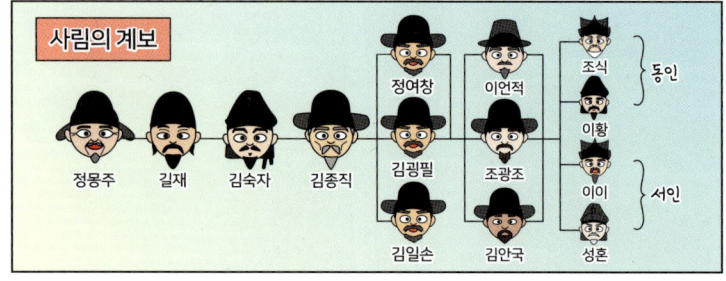

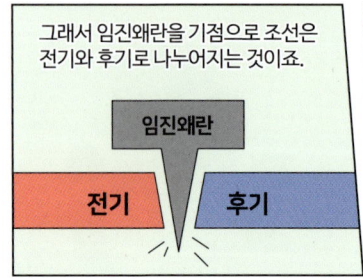

 스물일곱 번째 만남

7년 전쟁으로 깨진 200년의 평화

#조선의 대외 관계와 왜란의 극복 #사대교린 #임진왜란 #동아시아 지각 변동

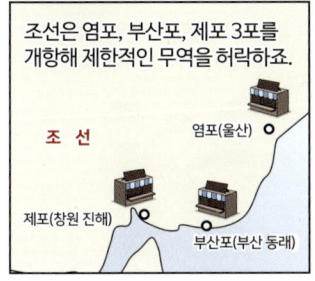

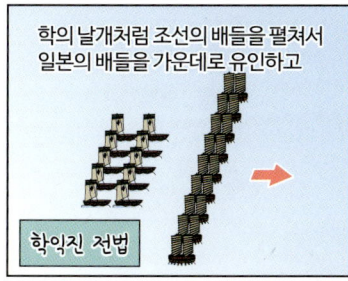
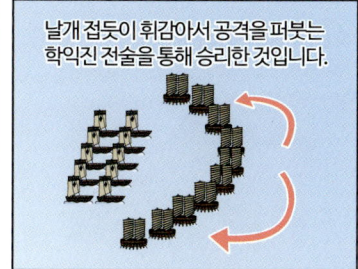

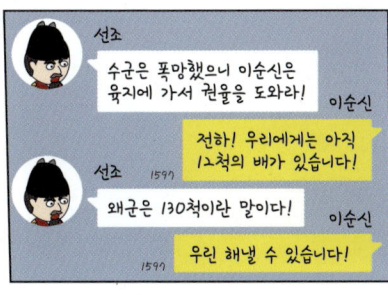

스물여덟 번째 만남

명분만 외치다 무릎 꿇은 인조

#호란의 발발과 극복 #광해군의 중립 외교 #명분과 실리 사이 #친명배금 정책
#정묘·병자호란 #뒷감당은 백성의 몫

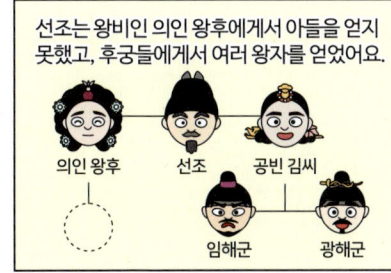

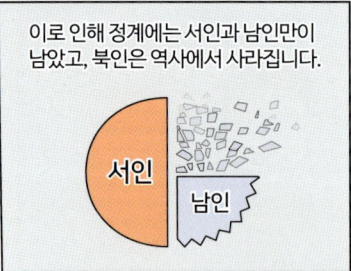

스물아홉 번째 만남

스러진 북벌의 꿈과 예송으로 표출된 붕당 간 대립

#조선 후기의 지배 질서 강화 #효종의 정통성 #북벌론의 대두 #송시열 #나선 정벌
#현종 #예송 논쟁 #단순한 복상의 예가 아닌 첨예한 정치 논쟁

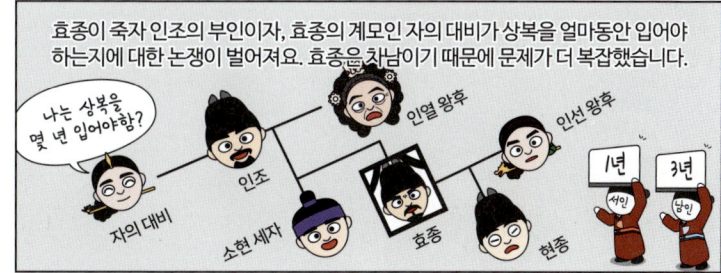
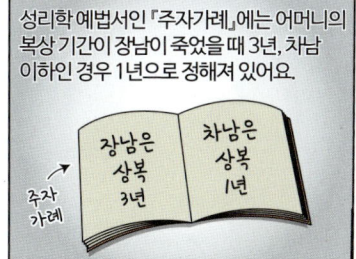

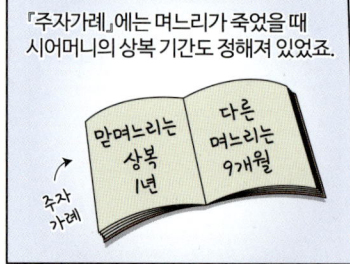

서른 번째 만남

왕권과 맞바꾼 공존의 질서

#봉당 정치의 변질 #숙종 #세 번의 환국 #격화되는 당쟁 #일당 전제화
#무너진 유교 정치의 원리

두 차례의 예송으로 대립이 치열해지긴 했지만 공존의 원칙은 지켜지고 있었죠.

그런데 이 공존의 원칙이 흔들리기 시작합니다.

제2차 예송의 결과 권력을 잡은 남인은 이 기회를 놓치지 않으려 했으며,

서인은 다시 권력을 되찾고 싶어했어요. 이 때문에 봉당 간 긴장이 격화됩니다.

그동안 서인은 남인과 연합한 가운데 정권을 주도했는데 이제 남인에게 권력이 넘어갔으니 가만히 있을 수 없죠.

이러한 상황 속에서 숙종이 즉위합니다.

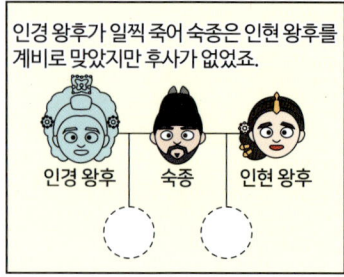

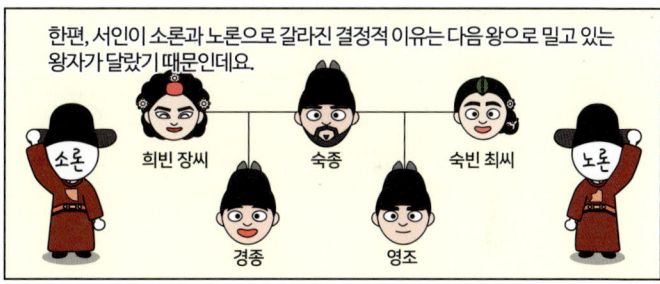

서른한 번째 만남

영조와 정조의 탕평 속 강력한 개혁 정치

#영조와 정조의 탕평 정치 #탕평책 #규장각 #초계문신제 #화성 축조 #대를 이은 카리스마

서른두 번째 만남

뿌리째 흔들리는 조선 백성의 삶

#세도 정치의 전개와 농민 봉기 #삼정의 문란 #홍경래의 난 #임술 농민 봉기 #삼정이정청
#조선을 뒤흔든 아우성 #조선에 닥친 총체적 위기

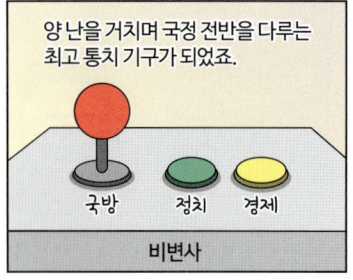

조선 · 263

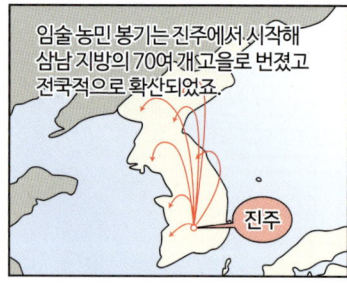

서른세 번째 만남

새로운 원칙 아래 갖춰진 조선의 세금 제도

#조선 전기의 경제 정책　#과전법　#공법　#방납의 폐단　#군역의 요역화

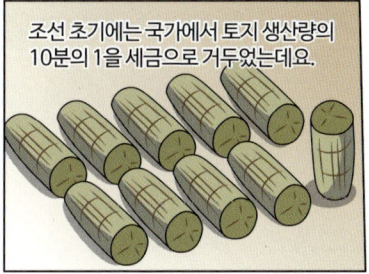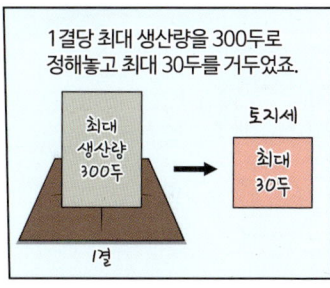
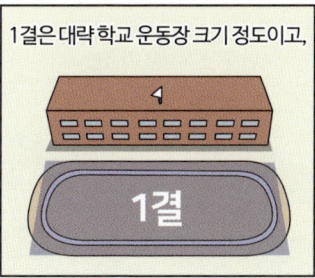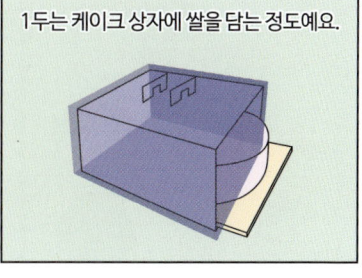

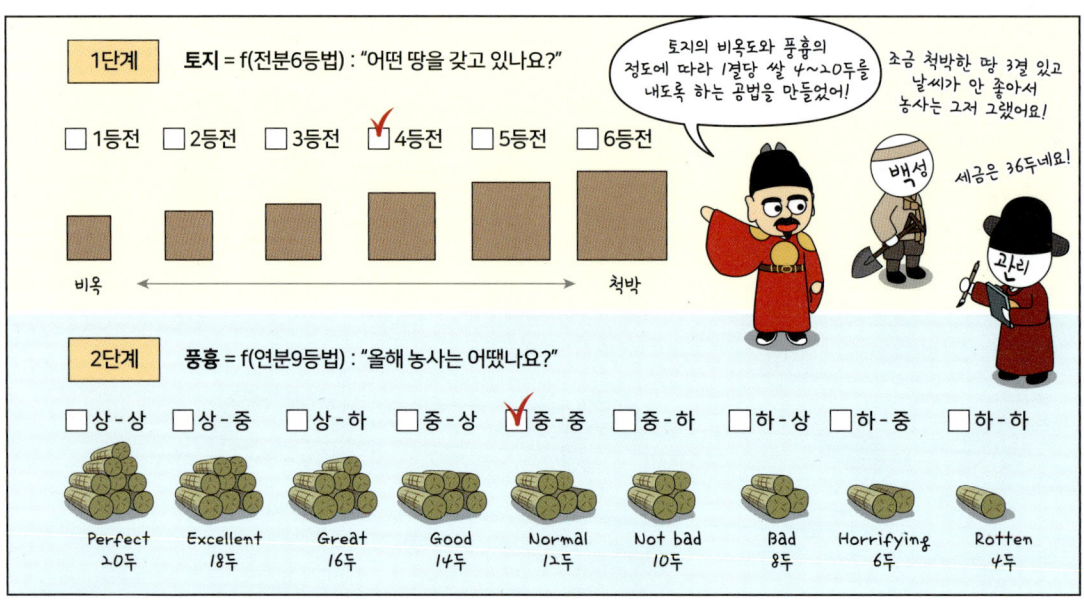

서른네번 째 만남

변화의 시대, 달라진 세금 정책

#조선 후기의 경제 정책 #세금 제도의 변화 #영정법 #대동법 #공인의 등장 #균역법
#조세의 전세화

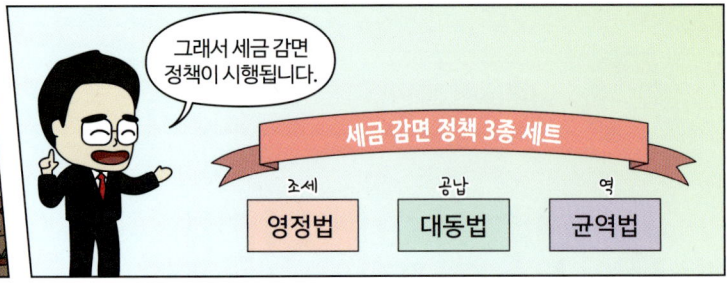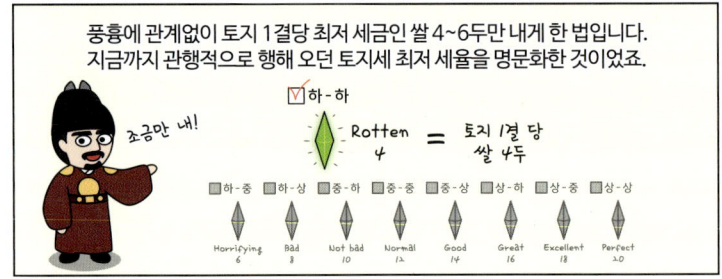

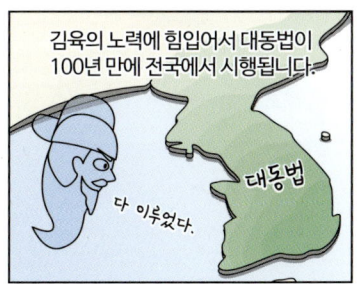

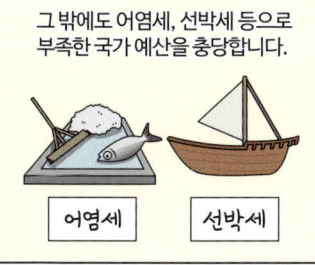

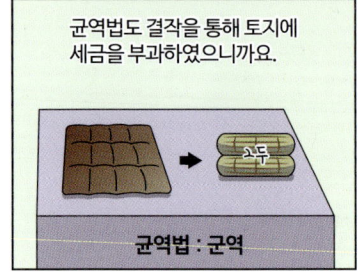

서른다섯 번째 만남

자본주의 경제를 향한 조선의 발걸음

#조선의 경제 생활 #모내기법의 일반화 #부농의 등장 #도고의 성장 #민영 수공업 발달
#어렵게 틔운 자본주의의 싹

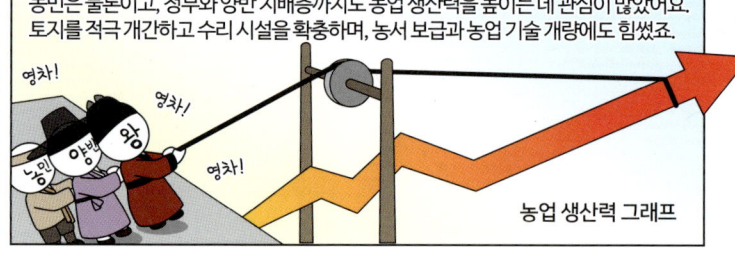

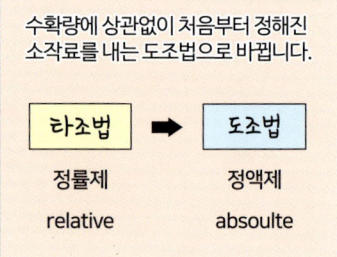

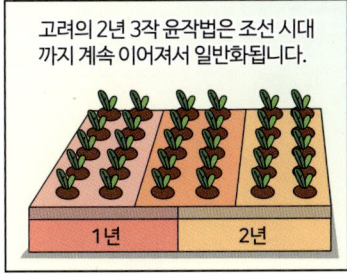
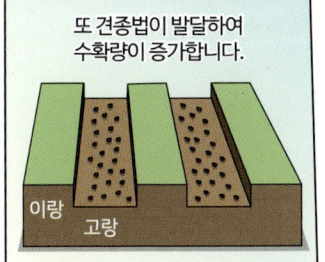

조선 · 283

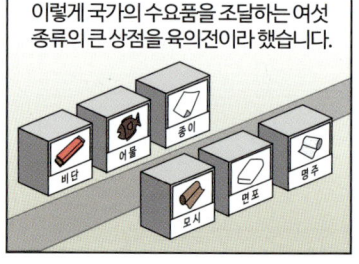

서른여섯 번째 만남

평등 사회로 가는 길

 #조선의 사회 모습 #오가작통법 #향회 #향전 #노비 종모법 #변화가 끊어 낸 신분의 굴레

조선 · 289

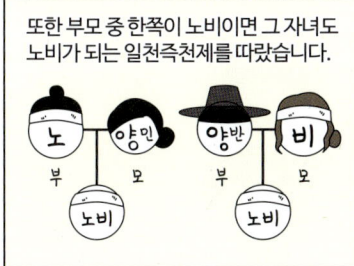

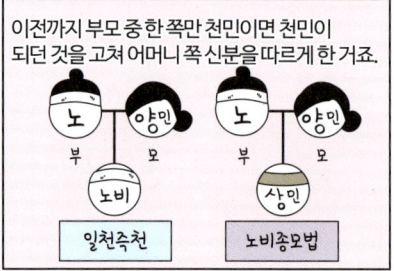

서른일곱 번째 만남

시대의 요구에 답을 제시한 실학

#조선의 학문 발달 #성리학 #이황 #이이 #실학의 발달 #변화를 외면한 성리학의 결말은?

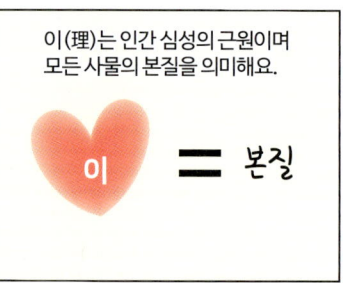
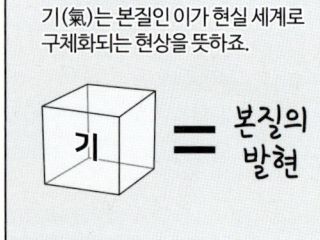
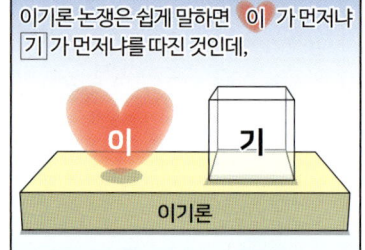
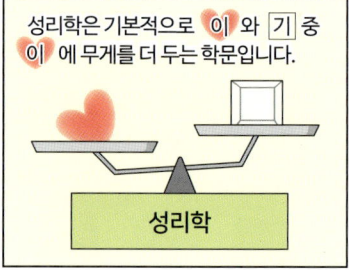

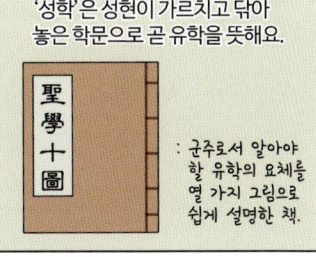

서른여덟 번째 만남

'우리 것'을 길러낸 조선의 문화

#조선의 문화와 예술 #칠정산 #농사직설 #대동여지도 #백자 #서민 문화의 발달
#우리도 세계의 중심이 될 수 있다

조선 · 305

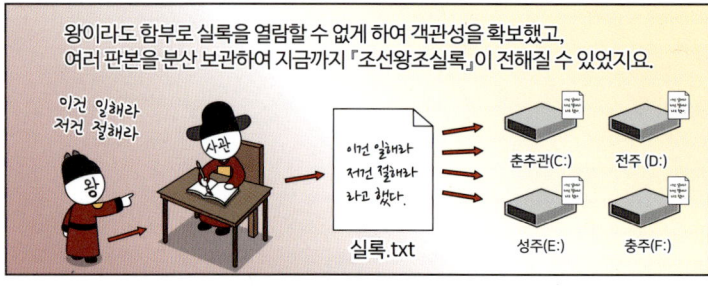

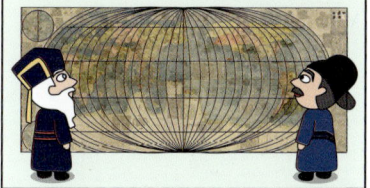
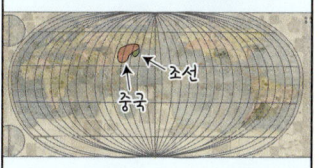

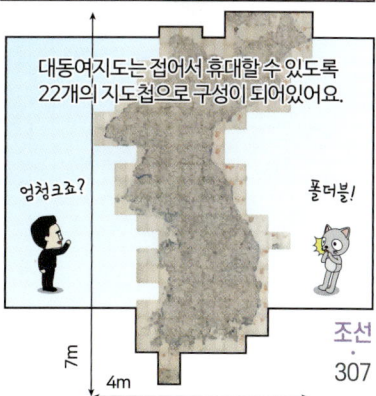

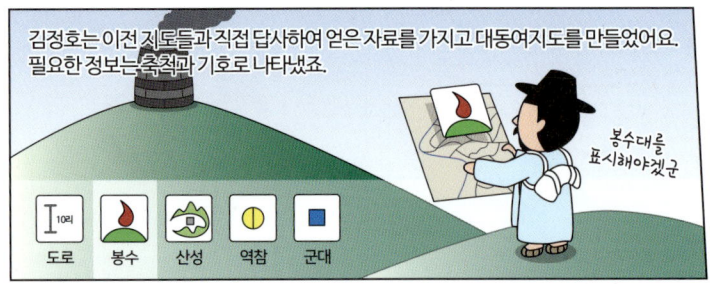

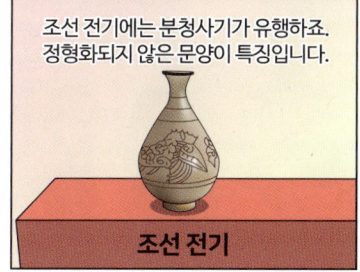
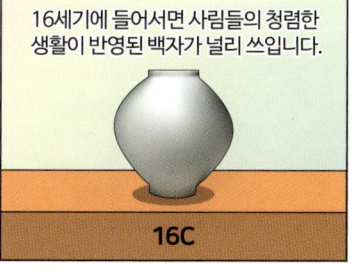
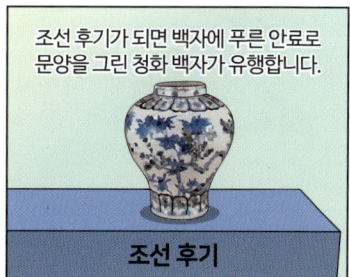

EPILOGUE
그린이의 맺음말

최태성의 만화 한국사

1 전근대편

초판 1쇄 발행	2019년 9월 9일
개정 15쇄 발행	2025년 4월 30일
강의·글	최태성
글·그림	김연큐
감수	모두의 별별 한국사 연구소 곽승연, 이상선, 김혜진
발행인	손은진
개발 책임	김문주
개발	김숙영, 서은영, 민고은
제작	이성재, 장병미
디자인	이정숙, 주희연
발행처	메가스터디(주)
주소	서울시 서초구 효령로 304 국제전자센터 24층
대표전화	1661-5431
홈페이지	http://www.megastudybooks.com
출판사 신고 번호	제 2015-000159호
출간제안/원고투고	writer@megastudy.net

이 책은 메가스터디(주)의 저작권자와의 계약에 따라 발행한 것이므로 무단 전제와 무단 복제를 금지하며,
이 책 내용의 전부 또는 일부를 이용하려면 반드시 저작권자와 메가스터디(주)의 서면 동의를 받아야 합니다.
잘못된 책은 구입하신 곳에서 바꾸어 드립니다.

메가스터디BOOKS

'메가스터디북스'는 메가스터디㈜의 교육, 학습 전문 출판 브랜드입니다.
초중고 참고서는 물론, 어린이/청소년 교양서, 성인 학습서까지 다양한 도서를 출간하고 있습니다.